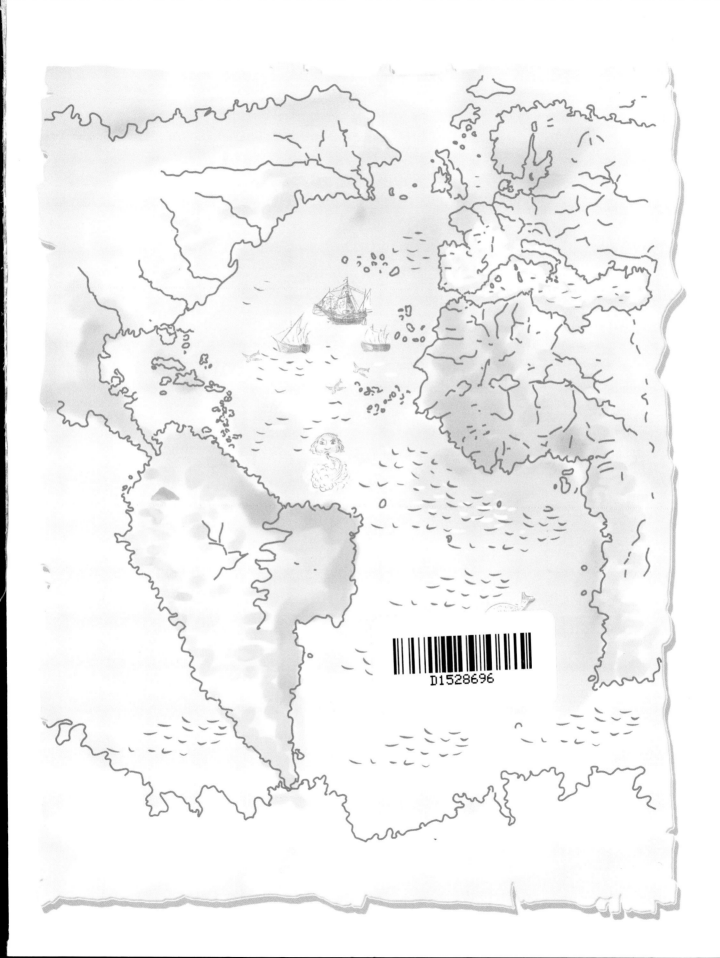

Cristoforo Colombo e la pasta al pomodoro
Christopher Columbus and the pasta with tomato sauce
A bilingual picture book about Christopher Columbus and the history of the tomato (Italian-English text)

Text by Nancy Bach
Illustrations by Leo Lätti

Find more books for bilingual children and Italian language students at:
www.LongBridgePublishing.com

Please note that the Italian and the English version of the story have been written to be as close as possible. In some cases though, they differ in order to accommodate nuances and fluidity of each language.

Publisher's Cataloging in Publication Data

Nancy Bach
    Cristoforo Colombo e la pasta al pomodoro - Christopher Columbus and the pasta with tomato sauce / Nancy Bach; illustrated by Leo Lätti
        p.   cm.
    SUMMARY: Illustrated introduction to the story of Italian explorer Christopher Columbus and the introduction of the tomato in Europe. Includes historical notes and question pages for readers comprehension review.
    ISBN-13: 978-1-938712-06-7
    ISBN-10: 1-938712-06-4
    1. Columbus, Christopher --Juvenile literature. 2. Columbus, Christopher.
    3. Italian language materials--Bilingual.   4. Explorers --America --Biography --Juvenile literature.
    5. Explorers.
        I. Title

Long Bridge Publishing
USA
www.LongBridgePublishing.com

ISBN-13: 978-1-938712-06-7
ISBN-10: 1-938712-06-4

Cristoforo Colombo
e la pasta al pomodoro

Christopher Columbus
and the pasta with tomato sauce

Italian-English Edition

Written by Nancy Bach
Illustrated by Leo Lätti

Long Bridge Publishing

La nonna era ai fornelli e mescolava il contenuto di un pentolone mentre un buon profumino riempiva la cucina. "Fai venire Antonio a tavola, Bepi".
"No, proprio no" disse il nonno.

La nonna guardò il tavolo e vide che il nonno e Antonio erano già seduti lì, con le posate in mano e il tovagliolo annodato al collo. L'espressione buffa che avevano sul viso la fece ridere.

Antonio gridò di gioia: " Nonnetta, non sono mai in ritardo per cena quando fai le fettuccine. Sono il mio piatto preferito!"

"Anche il mio", disse il nonno. "E dobbiamo ringraziare due persone per questo delizioso pasto. Lo sai che la nonna ha lavorato tante ore per fare a mano la pasta all'uovo con farina, uova e amore".

"C'è tanto amore lì dentro, Antonio", disse la nonna sorridendo.

Grandmother stood at the stove stirring a big pot while wonderful smells floated through the warm kitchen air. "Go call Antonio to the table, Poppop."
"No, I will not," said Grandpa.

Grandma looked over to the table and saw Grandpa and Antonio already sitting there holding their forks and knives in their hands and wearing their napkins tucked under their chins. She laughed at the silly smiles on their faces.

Antonio shouted with excitement, "Nana, I'm never late for dinner when you make fettuccine. It's my favorite!"

"Mine too," said Grandpa. "And we have two people to thank for this delicious meal. You know your grandmother spends hours making the hand-made pasta with flour and eggs and love."

"There's lots of love in there, Antonio," smiled Grandma.

"Anche io ti voglio bene, Nonnetta", disse Antonio.

Chi altro dobbiamo ringraziare? Anche tu hai aiutato, Nonno?"

"No, per carità, io non riesco neanche a bollire l'acqua" disse il nonno ridacchiando. "L'altra persona è Cristoforo Colombo".

"Non sapevo che fosse un cuoco" disse Antonio. "Pensavo che fosse solo uno che girava in nave tanto tempo fa".

"Oh, Antonio. Certo che navigava, è vero. E le sue navi portarono l'ingrediente segreto del piatto di pasta della Nonna dall'America all'Italia. Voi sentire la storia?" chiese il nonno.

Antonio mosse la testa su e giù. "Sì, certo".

"Il segreto è nel condimento", disse il nonno "È fatto con i pomodori che Colombo ha trovato in America".

"Questi pomodori devono essere davvero vecchi!" esclamò Antonio.

Il nonno rise e cominciò a raccontare la storia.

"I love you too, Nana" said Antonio.

"Who's the other person to thank? Did you help, Poppop?"

"No, no. I can't even boil water," chuckled Grandpa. "The other person is Christopher Columbus."

"I didn't think he was a cook," said Antonio. "I thought he just rode around in boats a long time ago."

"Oh, Antonio. He did sail in boats. That's true. And his boats took the secret ingredient for Nana's special pasta dinner from America to Italy. Would you like to hear the story?" asked Grandpa.

Antonio's head bobbed up and down. "Yes, please."

"The secret is in the sauce," said Grandpa. "It's made with the tomatoes that Columbus found in America."

"Those tomatoes must be awful old by now!" said Antonio.

Grandpa laughed again and then started the story.

La città di Genova si trova lungo la costa occidentale dell'Italia. Le acque turchesi del Mar Ligure invitano i bambini a giocare tra le onde e a lanciare barchette nel mare. Fu proprio lì che nacque Cristoforo Colombo, nel 1451.

Da bambino correva per le strade e lungo le spiagge ciottolose, guardando i pescatori tirare a riva la pesca della giornata. Ogni tanto aiutava il padre, Domenico Colombo, nel negozio di formaggi della famiglia. S'imbarcò su una nave per la prima volta quando aveva solo dieci anni! Quello fu l'inizio della sua passione per le avventure della navigazione.

Genoa lies on the western coast of Italy. The beautiful blue waters of the Ligunan Sea beckon young boys to play in its waves and send toy boats out to the sea. It was here that Christopher Columbus was born in 1451.

As a child he ran through the streets of the town and along the rocky beaches, watching the fishermen haul in their daily catch. Some days he helped his father, Domenico Columbo, in the family cheese shop. He even went out to sea on a ship when he was only ten years old! That was the start of his love for the adventures of sailing.

A ventidue anni Cristoforo Colombo cominciò una carriera che si abbinava bene alla sua passione per il mare. Divenne un mercante, navigando di città in città lungo le coste dell'Italia e persino più lontano, verso l'Africa, il Portogallo e l'Inghilterra. In Portogallo s'innamorò e sposò la figlia del governatore.

Colombo continuò a navigare e a commerciare per molti anni. Amava leggere libri scritti da esploratori e astronomi e concepì un piano che nessuno prima di lui aveva mai realizzato. Voleva navigare verso ovest dall'Europa all'India. Ai suoi tempi la maggior parte dei commerci con l'India e con altri paesi in Asia veniva fatta via terra, viaggiando verso est.

At the age of twenty two Christopher Columbus was able to begin a career that was a perfect match for this love of the sea. He became a trader, sailing boats from city to city along the coast of Italy and even farther away to Africa, Portugal, and England. He fell in love in Portugal and married the daughter of the governor.

Columbus continued sailing and trading for many years. He enjoyed reading books by explorers and astronomers and developed a plan to do something no one had done before. He wanted to sail west from Europe to India. At that time most trading with India and other Asian countries was done over land, going east.

Nel 1485 Colombo cominciò a chiedere finanziamenti ai capi degli stati europei per poter pagare il suo viaggio in Asia. Chiese aiuto al re del Portogallo, ma gli fu rifiutato… due volte. Poi cercò aiuto in Italia, ma lì nessuno era interessato. Chiese persino aiuto al re d'Inghilterra, ma la risposta fu di nuovo: "No".

Tanto tempo fa si credeva che la terra fosse piatta e nessuno avrebbe mai assecondato la realizzazione di un simile viaggio perché si pensava che le navi sarebbero cadute giù alla fine del mondo. Ai tempi di Colombo, però, i consiglieri dei re sapevano che la terra era tonda. Purtroppo pensavano che le distanze fossero troppo grandi e che i rifornimenti di cibo e acqua si sarebbero esauriti prima della fine del viaggio, per cui non volevano perdere i soldi per un progetto destinato a fallire.
Comunque sia, Colombo non si arrese.

In 1485 Columbus began to ask rulers of the European countries to give him money to pay for his trip to Asia. He asked the king of Portugal and was turned down…twice. Then he looked for support in Italy, but no one was interested. He even asked the King of England, but got another "no."

Long before this time, people thought the world was flat and they would never have supported a voyage like this because the ships would fall off the end of the world. By the time of Columbus though, the kings' advisors knew the world was round. Unfortunately they thought the distance was too far to sail without running out of food and water so they didn't want to waste their money on a trip that would fail. Nevertheless, Columbus didn't give up on his dream.

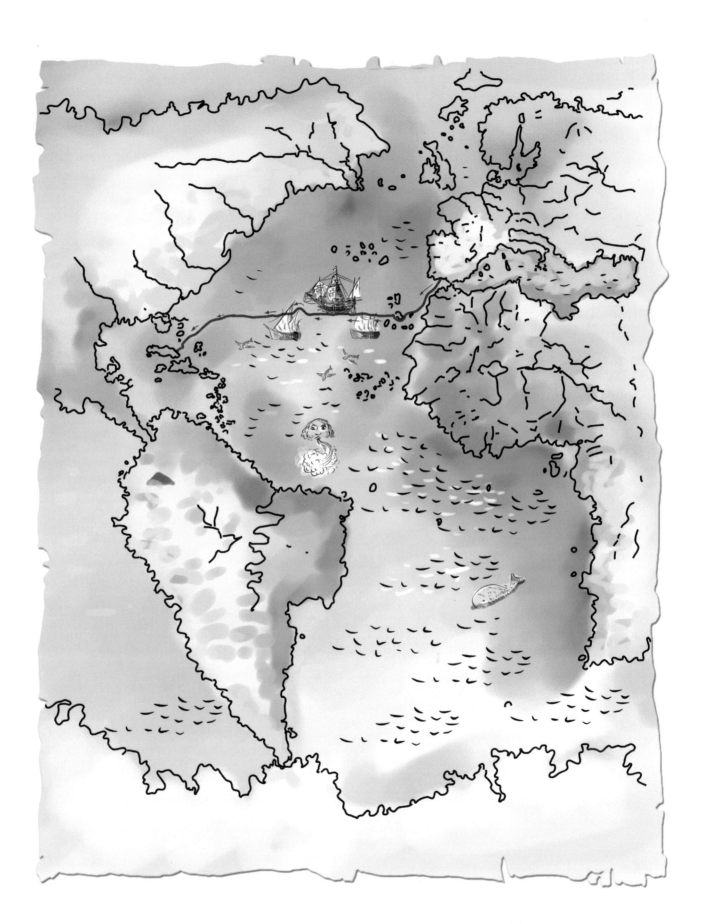

Ci vollero sette anni, ma alla fine Colombo ottenne l'aiuto del re Ferdinando e della regina Isabella di Castiglia, i reali del paese che oggi si chiama Spagna. Egli promise di arrivare in Asia e di dichiarare le nuove terre proprietà del re e della regina di Spagna. In cambio la Spagna lo avrebbe dovuto nominare "Ammiraglio dei mari" e gli avrebbe dovuto dare una parte delle ricchezze che avrebbe riportato indietro. Così "Nel mille e quattrocento novantadue Colombo s'imbarcò verso i mari aperti…"

Prese tre navi: la Niña, la Pinta e la Santa Maria. Veleggiarono verso ovest per cinque settimane e alla fine avvistarono terra. Colombo scoprì terre nuove che né gli spagnoli né gli italiani avevano mai visto, ma pensò di essere arrivato in Giappone o in India, sulla costa est dell'Asia. Infatti, le genti che incontrò lì, le chiamò "Indiani".

It took seven years, but finally Columbus found support from King Ferdinand and Queen Isabella of Castile, rulers of the country that is now known as Spain. He promised to travel to Asia to claim new lands in the name of the Spanish king and queen. In exchange, Spain would name him "Admiral of the Seas" and give him some of the riches he would bring back. So, "In fourteen hundred ninety-two, Columbus sailed the open blue…"

He took three ships, the Niña, the Pinta, and the Santa Maria. They sailed west for five weeks and finally found land. Columbus discovered new lands that the people of Spain and Italy hadn't heard of, but he thought he had arrived at Japan or India on the east coast of Asia. He even called the people he met "Indians."

Nell'arco di undici anni, Colombo, fece quattro viaggi verso il nuovo mondo, stabilendo vari insediamenti nel nome della Spagna. In uno dei primi viaggi portò con sé il figlio Fernando, che aveva solo tredici anni.

I viaggi non furono facili: le navi furono colpite da terribili tempeste e nei giorni di calma rimasero immobili senza vento nelle vele. Durante i viaggi fece anche molto caldo e l'acqua potabile divenne insufficiente per tutti. Molti marinai e coloni spagnoli morirono a causa delle malattie e per via delle dure condizioni di vita, ma, nonostante tutto, questi esploratori non si arresero.

Columbus made four visits to this new world over eleven years and established settlements in the name of Spain. On one of his trips he took his son Fernando, who was only thirteen years old.

Those voyages weren't easy: sometimes the sailing ships hit terrible storms; other times they floated motionless in doldrums with no wind to fill their sails. At times there was terrible heat and little fresh water. Many of the Spanish sailors and settlers died from diseases and harsh conditions, but these early explorers didn't give up.

In ogni viaggio, Colombo prese sempre qualcosa da portare in Europa. Dopo il primo viaggio portò alcune persone che aveva incontrato nelle nuove terre, così che potessero imparare le lingue europee. Portò anche molti alimenti: patate, cioccolata, tabacco, granturco e legumi. E portò anche il pomodoro, un frutto acidulo che assomigliava un po' a una mela. Col tempo gli italiani impararono ad apprezzare il pomodoro cotto e lo utilizzarono come sugo per la pasta. Dopo tanti anni anche le persone in America, la patria del pomodoro, impararono a fare la salsa di pomodoro italiana.

On each visit Columbus brought things back to Europe. On the first trip he brought some of the people he met in the new lands so they could learn the languages of Europe. He also brought many foods: potatoes, chocolate, tobacco, corn, and beans. And he brought the golden tomato, a tart fruit that looked like an apple. After some time, the Italians learned the tomato was delicious when cooked in a sauce and served over pasta. It was many years later before people in America, the home of the tomato, learned to make Italian tomato sauce.

"Che bella storia Nonno. È tutta vera, anche la parte sul pomodoro?" chiese Antonio. "Ma certo" rispose il nonno.

"Per la maggior parte" disse la nonna. "È successo tutto così tanti anni fa che è difficile conoscere tutti i particolari. Ma la storia del pomodoro è stata tramandata dai nonni ai nipoti per tante generazioni. E così ora sai che il mio sugo di pomodoro è fatto con i pomodori, le spezie ed una ricetta molto antica", disse la nonna.
"E tanto amore" disse Antonio. Poi saltò fuori dalla sedia e corse dalla nonna per abbracciarla. "E non dimenticare me" disse il nonno. E Antonio abbracciò anche lui.

"Grazie Nonna, Nonno e Signor Colombo per questo buonissimo pasto!" disse Antonio mentre tornava a sedersi. "Ora possiamo mangiare?"
Prese una grossa forchettata di pasta e sugo e aprì la bocca.
E con la bocca piena ed un gran sorriso mormorò: "Mmmm!".

"That's a great story, Poppop. Is it all true, even the part about the tomato?" asked Antonio. "Of course," said Grandpa.

"Most of it," said Grandma. "It happened so long ago that we can't be sure of all the details. But the story about the tomato has been handed down from grandfather to grandson for many generations. And now you know; my homemade sauce is made with tomatoes and spices and a very old secret," said Grandmother.
"And love too." said Antonio. He jumped out of his chair and ran to his grandmother to give her a big hug. "Don't forget me," said Grandpa. Antonio hugged him too.

"Thank you, Nana and Poppop and Mr. Columbus, for this wonderful meal!" said Antonio as he returned to his seat. "Now can we eat?"
He opened his mouth for a big forkful of pasta and sauce.
And with a full mouth and a big smile he mumbled "Yum!".

Pasta col Sugo al Pomodoro

Ingredienti per 4 persone

- 4 cucchiai di olio d'oliva
- 2 spicchi d'aglio, tagliati a metà
- 500 gr di pomodori freschi San Marzano o 1 (500 gr) lattina di pomodori pelati a pezzi
- un pizzico di sale
- 1 mazzetto di basilico fresco, spezzettato a mano
- 500 gr di pasta all'uovo fresca
- 100 gr di Parmigiano Reggiano grattugiato o a scaglie

Preparazione

In una pentola col fondo pesante, scaldare su fuoco medio l'olio d'oliva. Aggiungere l'aglio e lascarlo soffriggere per qualche minuto, senza farlo scurire.

Aggiungere i pomodori a pezzi. Cuocere a fuoco vivace finché la salsa non si addensa (circa 20 minuti). Spegnere la fiamma. Aggiungere un pizzico di sale. Rimuovere l'aglio dal sugo.

Per renderlo più cremoso si può frullare il sugo con un frullatore ad immersione. Aggiungere il basilico al sugo.

Nel frattempo bollire la pasta in acqua salata. Cuocere al dente e scolare.

Condire la pasta col sugo e guarnire i piatti di pasta con un filo d'olio d'oliva, qualche foglia di basilico ed il parmigiano grattugiato.

Grandma's secret recipe:
Pasta and Pomodoro Sauce

Ingredients for 4 people

- *4 tablespoons olive oil*
- *2 cloves garlic, cut in half*
- *1 pound of fresh and ripe roma tomatoes or 1 (28-ounce) can chopped tomatoes*
- *a pinch of salt*
- *1 small bunch fresh basil, coarsely chopped*
- *1 pound fresh egg pasta*
- *4 ounces Parmesan cheese, grated or shaved*

Directions

In a large heavy-bottomed pot, heat the olive oil over medium heat. Add the garlic and cook until fragrant but not browned, around 1 to 2 minutes, and then remove and discard.

Add the chopped tomatoes. Simmer until thickened slightly, about 20 minutes. Turn the heat off and season with salt to taste. Use an immersion blender to make the sauce smooth or serve as is with chunks. Add most of the basil.

Meanwhile, cook pasta in boiling, salted water until "al dente." Drain.

Serve sauce over hot pasta with a drizzle of olive oil, a sprinkle of fresh basil, and cheese.

Lo Sapevi Che...?

- Colombo non fu, in realtà, il primo europeo a sbarcare nelle Americhe. L'esploratore norvegese Leif Ericson, arrivò nella zona nord della Groenlandia e di Terranova nell'undicesimo secolo, ma le terre non sembrarono molto interessanti per cui non vennero stabiliti degli insediamenti permanenti. Colombo invece fu il primo a cominciare l'esplorazione e la colonizzazione del Nuovo Mondo da parte degli spagnoli, che ebbe un impatto durevole sull'America fino ai nostri giorni.

- Durante i suoi quattro viaggi, Colombo visitò tanti luoghi lungo le coste del Centro e del Sud America e diede a questi luoghi dei nomi spagnoli dai quali derivano i nomi attuali: San Salvador (Bahamas), Hispaniola, Guadalupa, Monserrat, Saint Kitts, Saint Martin, Saint Croix, and San Juan (Puerto Rico).

- Dopo i suoi viaggi Colombo non fu trattato molto bene dai reali di Spagna. Questi lo misero in prigione per un po' e non gli pagarono la ricompensa che gli era stata promessa. Morì nel 1506 in Spagna, tre anni dopo il suo ultimo viaggio nel Nuovo Mondo.

- L'America ha preso il nome dell'esploratore italiano Amerigo Vespucci, che seguì le tracce di Colombo con un viaggio nel 1499 e dichiarò che le nuove terre non erano l'Asia ma un nuovo continente. In passato gli Stati Uniti d'America sono stati chiamati Columbia, in onore di Cristoforo Colombo.

- Gli Stati Uniti, la Spagna e molti stati dell'America Centrale e Meridionale festeggiano il giorno di Colombo il 12 ottobre, per ricordare la data in cui Colombo pose piede sul nuovo continente nel 1492.

- I pomodori furono chiamati così nel 1544, da un botanico italiano, Pietro Mattioli, perché gli ricordavano delle mele dorate.

- Il più antico libro di ricette che riporta una ricetta col pomodoro fu pubblicato a Napoli nel 1692, e conteneva ricette di origine spagnola.

- Il pomodoro è un frutto perché ha i semi, ma in cucina è considerato una verdura.

DID YOU KNOW...?

- Columbus wasn't actually the first European to reach the Americas. The Norse explorer, Leif Ericson, reached the more northern areas of Greenland and Newfoundland in the 11th century, but the lands were not very inviting so they did not have lasting settlements. Columbus, on the other hand, was the first to start the Spanish exploration and colonization of the New World that had long-lasting influence on modern day America.

- On his four separate voyages, Columbus visited many different parts of the Central and South American coast and gave these lands Spanish names that led to their current names: San Salvador (Bahamas), Hispaniola, Guadeloupe, Montserrat, Saint Kitts, Saint Martin, Saint Croix, and San Juan (Puerto Rico).

- After his voyages Columbus wasn't treated very well by the rulers of Spain. They put him in prison for a while and never paid him the rewards they had promised. He died in Spain in 1506, three years after his last voyage to the New World.

- America is named after an Italian explorer, Amerigo Vespucci, who followed Christopher Columbus with a first voyage in 1499, and declared that the new lands were a new continent, and not Asia. The United States of America has sometimes been referred to as Columbia, after Christopher Columbus.

- The United States, Spain, and many Central and South American countries celebrate Columbus Day on October 12 to remember the date that Columbus landed in the New World in 1492.

- Tomatoes were named in 1544 by Italian botanist Pietro Mattioli as "pomi d'oro", which translates to "golden apples."

- The earliest known cookbook with tomato recipes was published in Naples, Italy in 1692; it was based on Spanish recipes.

- The tomato is a fruit because it has seeds, but for cooking purposes it is considered a vegetable.

Sai rispondere a queste domande?

In che secolo è nato Cristoforo Colombo? ....

È stato facile per lui organizzare il viaggio verso l'America? ....

Chi ha aiutato Cristoforo Colombo ad organizzare il viaggio verso l'America?

....

Quanto tempo c'è voluto per raggiungere il Nuovo Mondo? ....

Perché? ....

....

....

Chi portò con sé Colombo, in uno dei suoi viaggi verso il Nuovo Mondo?

....

Che cosa ha portato Colombo in Europa dal Nuovo Mondo? ....

....

....

Colombo sapeva di aver scoperto un nuovo continente?.........................

Perché? ....

....

Can you answer these questions?

In which century was Christopher Columbus born? ....

Was it easy for him to organize his trip to America? ....

Who helped Christopher Columbus organize his trip to America?

....

How long did it take to reach the New World? ....

Why? ....

....

....

Who is the person that Columbus took with him on one of his voyages to the New World?

....

What did Columbus bring back to Europe from the New World? ....

....

....

Did Columbus know he had discovered a new continent? ....

Why?..

....

Colora e Scrivi / Color and Write

Scrivi il nome di 6 cose che vedi nel disegno:

Write the name of 6 things you see in the drawing:

1. _____   4. _____

2. _____   5. _____

3. _____   6. _____

Have fun and learn with books about famous Italians, Italian themed stories, nursery rhymes, Italian traditions and more, all with Italian and English text!

Visit us online at **www.LongBridgePublishing.com**

CPSIA information can be obtained
at www.ICGtesting.com
Printed in the USA
BVIC01n1115121215
429479BV00008B/35